luxembourg

LUXEMBOURG

photographies edouard kutter

EDITIONS EDOUARD KUTTER - LUXEMBOURG

IMPRESSION ET MAQUETTE PAR
JOH. ENSCHEDÉ EN ZONEN, HAARLEM-HOLLAND

© EDOUARD KUTTER - LUXEMBOURG

ISBN 2-87952-001-0

Notices sur le Grand-Duché .... page 7

Kurzer Blick auf Luxemburg .... Seite 113

Facts about Luxembourg .... page 121

Notices sur le Grand-Duché

Le Grand-Duché de Luxembourg est un petit Etat plus que millénaire, situé au cœur de l'Europe, entre la France, la Belgique et la République Fédérale d'Allemagne.

Il compte environ 365 000 habitants sur une superficie de moins de 2 600 kilomètres carrés.

Le Luxembourg est une entité nationale qui a réussi à maintenir son particularisme à travers les vicissitudes des siècles et qui est aujourd'hui un Etat indépendant et souverain, placé sous le régime de la monarchie constitutionnelle. C'est un pays prospère et hautement industrialisé, avec une puissante industrie sidérurgique, un pays qui maintient des liens économiques et politiques étroits avec les autres nations, tant sur le plan européen qu'à l'échelle internationale.

Aperçu historique

L'histoire du Grand-Duché remonte à l'an 963, lorsque le comte ardennais Sigefroi, fondateur de la Maison de Luxembourg, fit construire un château sur le territoire de l'actuelle capitale. Ce château donna lieu à la création d'une ville et plus tard d'une forteresse célèbre.

La Maison de Luxembourg fut appelée à des hautes destinées, puisqu'elle donna à la fin du Moyen-Age quatre empereurs à l'Allemagne, quatre rois à la Bohême et un roi à la Hongrie. Les noms de Henri VII, Jean l'Aveugle, héro national, Wenceslas, Charles IV et Sigismond rappellent en effet cette grande époque

qui prit fin dès le XVe siècle. C'est alors que commença pour le Luxembourg une longue période de dominations étrangères qui ne devait se terminer qu'au XIXe siècle.

En effet, la forteresse de Luxembourg, le «Gibraltar du Nord», devint l'enjeu incessant de luttes sanglantes que se livrèrent pour sa possession Bourguignons, Espagnols, Français, Autrichiens et Prussiens. Elle fut assiégée et ravagée plus de vingt fois au cours de quatre siècles.

Indépendance

En 1815 commença enfin pour le Luxembourg une période d'indépendance nationale. C'est en effet le Congrès de Vienne qui régla les destinées de ce pays en décidant que l'ancien Duché de Luxembourg, élevé au rang de Grand-Duché, serait donné à titre personnel au Roi des Pays-Bas

Le Grand-Duché vécut ainsi en union personnelle avec les Pays-Bas jusqu'en 1890. C'est cette période qui marqua le début d'une nouvelle époque d'affermissement de l'indépendance politique à l'extérieur et le développement du régime démocratique à l'intérieur du pays.

Une des dates les plus importantes de l'histoire nationale luxembourgeoise est celle du Traité de Londres du 11 mai 1867 qui confirmait l'intégrité territoriale et l'indépendance politique du Grand-Duché, garanties par le Traité de Londres de 1839, et qui déclara en outre le Luxembourg neutre à titre permanent, plaçant cette neutralité sous le garantie des grandes puissances.

A la mort du Roi Guillaume III en 1890, qui ne laissa pas de descendant mâle, la couronne du Grand-Duché passa à la branche aînée de la Maison de Nassau, et depuis cette date le Luxembourg a sa propre dynastie. Le Souverain actuel, le Grand-Duc Jean a succédé en 1964 à sa mère, la Grande-Duchesse Charlotte, qui abdiqua en sa faveur après un règne de 45 ans.

Au cours de ce règne prospère, l'évolution économique du Luxembourg alla de pair avec l'évolution politique, interrompue toutefois par la deuxième guerre mondiale où le Grand-Duché fut occupé malgré son statut de neutralité, tout comme en 1914, par les troupes allemandes, et connut de longues années d'oppression et de souffrances, avant d'être libéré par les troupes alliées.

Le Luxembourg abandonna en 1948 son statut de neutralité et adopta résolument une politique active de coopération sur le plan européen et international en adhérant aux diverses organisations économiques, politiques et militaires.

Depuis la fin de la seconde guerre mondiale, le Luxembourg connaît une période de calme politique et social, de bien-être économique à l'intérieur et de rayonnement à l'extérieur.

Les caractéristiques économiques du Luxembourg

Curieux destin pourtant que celui du Luxembourg, voué à l'industrie lourde, alors qu'il ne possède aucune mine de houille, aucun four à coke et où les gisements de mineral de fer sont assez pauvres.

Sidérurgie

Cependant le Luxembourg possède une puissante et moderne industrie sidérurgique qui constitue l'industrie de base de l'économie luxembourgeoise et qui exerce une influence fondamentale tant à raison du volume de la main-d'œuvre employée et du capital utilisé qu'à raison de l'impulsion qu'elle donne au développement économique du Grand-Duché. La prédominance à peine atténuée de la sidérurgie explique la vulnérabilité du pays comme en témoigne la grave crise qui se prolonge dans la sidérurgie et qui continue à poser de sérieux problèmes au pays.

C'est ainsi que la production d'acier brut est tombée de 6,4 millions de tonnes en 1974 à 4,6 millions de tonnes en 1975 (–28%) et même à 4,3 en 1977. Elle atteint à peine 5 millions de tonnes en 1979, 4,6 millions en 1980, 3,8 millions en 1981, 3,5 millions en 1982 et 3,3 millions de tonnes en 1983. Cette évolution s'est accompagnée de pertes financières considérables et a obligé la sidérurgie à entamer un processus de restructuration comprenant, entre autres, une réduction programmée du personnel – sans licenciements – d'environ 25000 personnes en 1974 à 16000 en 1983.

Commerce extérieur

Les exportations et importations de biens et de services représentent plus de 80% du produit intérieur brut, contre 50% en Belgique et moins de 20% en France. Nul chiffre n'illustre mieux la dépendance extrême du pays à l'égard du commerce extérieur. L'acier – 67% des exportations de biens en 1974 – en représente encore aujourd'hui plus de la moitié (43,9% en 1983); la quote-part des produits chimiques, des matières plastiques et du caoutchouc dépasse 14 %, celle des matières textiles 6 %. Les importations sont plus diversifiées; toutefois les produits minéraux (coke et minerai) importés par la sidérurgie représentent environ 8 % du total des importations. Au point de vue de leur structure géographique, notons que presque 90 % des importations proviennent des pays de l'ancienne CEE à six et 71 % de l'Allemagne et de la Belgique réunies. La CEE absorbe actuellement 78 % des exportations luxembourgeoises, la Belgique et l'Allemagne réunies 46 %. L'Allemagne est le premier client du Luxembourg (29,8 % en 1983) et son second fournisseur (33 % en 1983. Belgique 38 %). Dans ses relations avec la Belgique, le Luxembourg importe régulièrement plus qu'il n'exporte; du fait de l'existence de l'Union économique belgo-luxembourgeoise, de nombreuses importations passent par des concessionnaires généraux établis en Belgique.

Immigration

Du fait que l'économie luxembourgeoise s'était rapidement transformée en une économie industriëlle à partir de la fin du siècle dernier, le Luxembourg devait avoir largement recours à la main-d'œuvre étrangère. Le nombre des étrangers dépasse d'ores et déjà 26 % de la population, proportion inégalée dans aucun pays de la Communauté Européenne. Le pourcentage d'ouvriers étrangers occupés dans la seule industrie sidérurgique luxembourgeoise atteint 38 % et il atteint 52 % dans l'ensemble de l'industrie luxembourgeoise. Dans l'artisanat ce pourcentage atteint 65 % et dans le bâtiment 75 %. Il convient d'ajouter ici que sur un emploi total intérieur de 158 500 personnes, 35,6 % sont occupées dans l'industrie, 59,7 % dans le commerce et les services, 4,7 % dans l'agriculture. Ceci illustre la répartition des classes productives parmi les principales branches d'activité au Grand-Duché.

Niveau de vie

Si le Luxembourg a pu atteindre un niveau de vie particulièrement élevé, c'est notamment pour deux raisons (qui ont joué également dans le cas de la Suisse et de la Suède): Les termes de l'échange ont longtemps évolué favorablement (de 1913 à 1960); la part de la population active dans la population totale a été relativement élevée en raison d'une faible natalité et d'un important apport migratoire. A ces facteurs il convient d'ajouter la diversification de l'économie depuis 1960.
Pour 1981, le PNB par habitant est évalué à 540 000 Flux, soit 78 900 francs français au taux de change moyen de l'année. Il faut toutefois signaler que les chiffres du PIB et du PNB, qui incluent tous les bénéfices réalisés par les banques, tendent à surévaluer le niveau de vie du fait que ces bénéfices non seulement ne sont pas distribués, mais encore qu'ils sont réalisés en grande partie par des banques qui sont des filiales de sociétés étrangères.

D'après les statistiques de la Banque mondiale, le Luxembourg compterait parmi les pays les plus riches, après le Kuweit et la Suisse. Quoique le revenu par tête exprimé en dollars soit un indicateur assez grossier, d'autres indicateurs confirment la bonne position du Luxembourg. Ainsi il occupe (1981) la 2e place dans la CEE des 10 en ce qui concerne le nombre relatif des voitures de tourisme (367 par 1000 habitants contre 388 en Allemagne et 350 en France), la

2e place pour les téléphones (589 par 1000 habitants contre 673 au Danemark) et la première place pour les lits d'hôpitaux (1250 par 100000 habitants devant les Pays-Bas: 1212). La consommation par habitant d'énergie à des fins non industrielles (1982: 2798 kWh, 1983: 2838 kWh) est la plus élevée au Luxembourg.

Les statistiques relatives aux logements attestent également un niveau de vie élevé: c'est ainsi que tous les logements ont actuellement l'électricité et l'eau courante à l'intérieur du logement; la plupart sont pourvus d'une salle de bain ou d'une douche. Environ 60% des ménages sont propriétaires de leur logement.

Le Luxembourgeois consomme en moyenne annuelle environ 11,4 kg de beurre, 78 litres de lait, 45 kg de pain, 30,2 kg de viande de bœuf, 7 kg de veau, 50 kg de porc, plus de 120 litres de bière et environ 54 litres de vin.

Relevons enfin que le niveau de vie n'est pas constitué exclusivement d'éléments chiffrables; la densité modérée de la population, l'absence d'une grande ville, la proximité de la forêt, la merveilleuse diversité des paysages et les nombreuses possibilités de détente sportive contribuent à relever la qualité de la vie au Luxembourg, encore que le problème de la pollution de l'environnement – par l'automobile notamment – n'y soit pas inconnu.

Collaboration internationale

Du point de vue économique, la structure et la situation du Grand-Duché doivent le porter logiquement vers la collaboration avec d'autres Etats. C'est ainsi que depuis le recouvrement de son indépendance en 1839, la politique étrangère du Luxembourg a été dominée par le double souci de la sécurité et de son intégration dans un ensemble économique plus vaste.

La nécessité de s'intégrer à des marchés plus grands a été reconnue dès le début du XIXe siècle, où le Luxembourg adhéra au «Zollverein» allemand en 1842. Le Luxembourg dénonça toutefois l'union économique avec l'Allemagne à l'issue de la première guerre mondiale et se tourna du côté de la Belgique avec laquelle il conclut en 1921 une Union économique, toujours en vigueur aujourd'hui. En 1943, il contribua à l'édification d'une Union économique à trois, le BENELUX, et ensuite à celles des trois Communautés Européennes à savoir: la Communauté du Charbon et de l'Acier, la Communauté Economique et l'EURATOM.

Modernisation

Dans le cadre de la collaboration européenne, le Luxembourg fut placé devant maints problèmes, et des transformations essentielles eurent lieu dans le domaine économique et social.

L'industrie sidérurgique se modernisa. L'agriculture subit une transformation profonde; des industries nouvelles s'implantent au Grand-Duché et de grands travaux d'infrastructure sont réalisés tant dans le secteur urbanistique que dans celui de la production de l'énergie, notamment la construction des barrages d'Esch-sur-Sûre et de Rosport, ainsi que la puissante centrale hydro-électrique de Vianden, la plus grande station de pompage de l'Europe.

Dans le domaine des communications, de nombreux grands travaux furent réalisés, en particulier l'agrandissement de l'aéroport de Luxembourg, l'électrification des chemins de fer et la canalisation de la Moselle, qui relie désormais le Luxembourg directement aux voies d'eau européennes.

Parallèlement au programme d'investissements publics, le Gouvernement a poursuivi une politique de reconversion, de diversification et d'expansion économique.

La politique de diversification industrielle a pris une forme systématique par le vote de la loi-cadre du 2 juin 1962 aux termes de laquelle l'Etat peut accorder une aide financière en faveur des opérations qui «contribuent directement à la création, à la conversion et à la rationalisation des entreprises industrielles, artisanales et commerciales, pour autant qu'elles améliorent la structure générale et l'équilibre régional de l'économie nationale et en stimulent l'expansion». Cette loi, dont les effets ont expiré à la fin de 1966, a été reconduite régulièrement et a facilité l'installation dans le pays d'environ 60 entreprises nouvelles représentant plus de 11 500 emplois (y compris Goodyear). Ces entreprises (compte non tenu de Goodyear) ont représenté pendant une première étape (1963–1966) un investissement global de l'ordre de 6,3 milliards de francs auxquels il faut ajouter les immobilisations de la Société Electrique de l'Our (plus de 6 milliards depuis 1959). Une deuxième vague d'investissements (1969–1974) de la part des entreprises nouvelles atteint quelque 18,9 milliards de francs. Malheureusement une importante entreprise chimique créée en 1965 a dû arrêter sa production en 1979. Une troisième étape a été rendue nécessaire par la crise sidérurgique en 1975. Entreprises nouvelles implantées depuis 1975: 56, emplois créés: 3300, investissements impliqués: 20 milliards.

Signalons encore les efforts de restructuration et de modernisation d'Arbed qui de 1975 à 1984 se sont traduits par des investissements de plus de 30 milliards de francs et une réduction du personnel de 24 000 à 16 000.

La valeur de la production des entreprises nouvelles représentait 25% leur valeur ajoutée quelque 24% par rapport aux mêmes indicateurs de l'ensemble des entreprises industrielles occupant 20 personnes et plus.

Situation Sociale

Au point de vue social le Luxembourg a bénéficié d'une situation particulièrement favorable: absence quasi totale de grèves depuis la guerre, absence quasi totale de chômage jusqu'à la crise de 1975. Malgré les difficultés dues à la crise, le chômage est resté très limité grâce aux solutions originales mises en œuvre et qu'on a appelées le «modèle luxembourgeois».

Luxembourg, centre financier

Luxembourg joue un rôle de plus en plus grand comme centre financier international. De nombreuses banques et des «investment trusts» importants sont venus s'installer à Luxembourg comme suite au régime fiscal spécial en faveur des sociétés de participation (Holding companies), qui remonte déjà à l'année 1929.

La place financière internationale qu'est le Luxembourg compte fin 1983 5962 sociétés holding qui y sont domiciliées et plus de 115 banques ce qui représente la plus forte concentration bancaire au sein des Communautés Européennes.

Le rôle de Luxembourg comme centre d'émissions internationales s'est encore affirmé ces dernières années. La contrevaleur des euro-émissions auxquelles a participé la place de Luxembourg en 1983 s'est élevée à environ 10,1 milliards de dollars. L'adaptation du régime luxembourgeois, en matière de sociétés holding, aux sociétés d'investissement de type ouvert et fermé a permis pendant ces derniers temps l'implantation au Grand-Duché de 99 fonds d'investissement dont les avoirs se sont établis fin 1983 à 303 milliards de francs lux. Au nombre des circonstances ayant favorisé le développement de la place financière de Luxembourg, on peut encore citer: le régime libéral de la Bourse de Luxembourg (tarif modéré des frais, taxes et commissions et simplicité des formalités), l'absence de retenue à la source en ce qui concerne les emprunts étrangers, enfin la création à Luxembourg, en 1970, de la Centrale de livraison des euro-obligations (CEDEL) dont l'objectif est de rationaliser les opérations d'achat et de vente des euro-obligations qui sont ramenées à des jeux d'écritures comptables sans transmission matérielle des titres.

La Bourse de Luxembourg a été créée par la loi du 30 décembre 1927. Après trois décennies mouvementées à maints égards, la Bourse de Luxembourg n'a connu son véritable essor que vers le début des années soixante avec la cotation des premiers emprunts internationaux. Grâce à la cotation de la plupart de ces émissions internationales, la Bourse de Luxembourg occupe actuellement une position unique parmi les places boursières internationales.

Il y a lieu de relever également la cotation des valeurs les plus représentatives du commerce et de l'industrie du Luxembourg ainsi que celle de 172 actions de sociétés étrangères. Les fonds d'investissement cotés sont au nombre de 109 fin 1983. Sur le marché secondaire des euro-émissions l'activité se déroule essentiellement par le canal du marché hors bourse.

Luxembourg, capitale européenne

En 1952 déjà, la Ville de Luxembourg reçut sur le plan européen une importance particulière lorsqu'elle fut choisie comme siège provisoire de la première Communauté Européenne supranationale, celle du Charbon et de l'Acier. Aujourd'hui, après la fusion des exécutifs des trois Communautés Européennes, Luxembourg reste une des capitales de l'Europe grâce au maintien et à l'implantation de services communautaires dans son enceinte. La capitale du Grand-Duché héberge en effet d'une part les institutions juridictionnelles et quasi juridictionnelles existantes ou à créer – la Cour de Justice des Communautés se trouvant déjà à Luxembourg – et d'autre part des institutions financières; c'est ainsi que le siège de la Banque Européenne d'Investissement a été transféré à Luxembourg en 1968 et que le Fonds Monétaire Européen a été installé à Luxembourg en 1973. Et plus récemment la Cour des Comptes Européennes.
Quelle est la place et le rôle d'un pays comme le Luxembourg dans la communauté des peuples européens?

Par sa situation géographique, l'exiguïté de son territoire et les impératifs économiques et politiques qui s'en dégagent, le Luxembourg, qui est une expérience ethnique instituée par l'histoire sur le point d'intersection de deux grandes cultures, est un pays où toutes les influences se croisent.

En effet, deux groupes ethniques et politiques s'y rapprochent et s'y mêlent: à l'ouest le groupe roman auquel participe entièrement sa civilisation et plus ou moins sa race, à l'est le groupe germanique auquel appartient sa langue.

Ce petit peuple n'est pas né des caprices d'un jeu diplomatique, ni d'un accident de l'histoire, mais il est un organisme politique vieux de plus de mille ans, prêt à s'adapter au rythme de la civilisation et à emboîter le pas derrière ses grands voisins.

La langue maternelle des Luxembourgeois, un idiome national, est un vieux dialect franco-mosellan auquel s'est amalgamé un apport considérable d'éléments allemands et français.
Si le bilinguisme franco-allemand trouve son expression dans la presse, dans la vie politique, culturelle et religieuse, la langue française n'est pas moins langue officielle, langage d'administration, judiciaire, parlementaire, enseignant, littéraire et mondain, mais le dialect luxembourgeois constitue la langue véhiculaire de la totalité de la population.

La rôle d'un pays comme le Luxembourg dans la communauté des peuples européens consiste d'abord à apporter une dimension, un ordre de grandeur, une optique particulière à la multiplicité des points de vue qui doivent se confronter dans une communauté de nations. Cette dimension, cette optique sont nécessairement proches de l'humain, du sens commun; elles se nourrissent du sentiment aigu de l'interdépendance entre les nations et les groupes. La voix du Luxembourg sera toujours dans les affaires qui nous touchent et sur lesquelles on nous sollicite, celle de la compréhension des différents points de vue, de la conciliation, de la défense du droit et des traités; sur le plan européen celle de la solidarité et de la coopération dans un esprit communautaire.

L'existence pure et simple du Grand-Duché dépend si manifestement du respect du Droit et de la Justice par les grands pays, qu'on voudra bien croire que le Luxembourg est sincère en se faisant son promoteur.

Le Luxembourg est donc tout naturellement amené plus que d'autres, à se faire, dans toutes les enceintes internationales, l'ardent défenseur du Droit en tant que régulateur des rapports internationaux et critère suprême de l'action des Etats.

On dira que tous les pays prétendent défendre les mêmes principes, et on pourrait se demander quelle est ici la place pour le rôle original du Grand-Duché.

N'ayant pas de grand prestige ou de grands intérêts mondiaux à défendre, on ne suspectera pas le Luxembourg d'invoquer ces idéaux pour se procurer des avantages ou des zones d'influence. En d'autres termes, on ne pourra pas lui prêter des arrière-pensées.

Sous ces conditions-là, le Luxembourg essaye d'assurer le rôle «d'honnête courtier», notamment au sein des Communautés Européennes ainsi que sur l'échiquier international.

Le Grand-Duché a déjà pu prendre de telles initiatives dans le passé parmi ses partenaires européens, où il n'avait pas d'intérêt direct à défendre. On constatait au contraire une concordance entre ses intérêts bien compris et les objectifs de la Communauté.

La neutralité et la sincérité du Grand-Duché n'étant pas suspectées, des possibilités accrues de jouer le rôle d'intermédiaire discret lui sont de ce fait offertes, et les propositions de solution qu'il pourra faire ont d'autant plus de chances d'être acceptées.

Mieux vaut représenter un petit pays quand il s'agit de trouver le compromis que les représentants de grands Etats pourront peut-être accepter, et qu'en aucun cas ils ne pourront faire eux-mêmes sous peine de se voir reprocher de capituler ou de «brader» les intérêts ou la souveraineté de leurs nations.

Il est donc permis de conclure que le rôle du Grand-Duché de Luxembourg en politique internationale n'est pas limité une fois pour toutes par les caractéristiques physiques qui sont les siennes. Grâce notamment à la remarquable concordance qui existe entre ses aspirations et ses positions fondamentales, et l'intérêt à long terme de la Communauté internationale dans son ensemble, le Luxembourg peut jouer un rôle, modeste certes, mais réel sur la scène internationale.

Service Information et Presse du Gouvernement.

Textes supplémentaires à la fin du volume.

15

Pont ferroviaire franchissant l'Alzette. A gauche, vestiges du château des comtes de Luxembourg

Eisenbahnbrücke über die Alzette. Links Überreste vom alten Grafenschloss auf dem Bockfelsen

Railway bridge crossing the Alzette river. On the left remains of the castle of the Counts of Luxembourg

Luxembourg, ville des ponts. Le pont Grand-Duc-Adolphe fut à l'époque de sa construction (1900–1903) le plus grand pont en pierre à une arche centrale.

Luxemburg, Stadt der Brücken. Die Grossherzog Adolph-Brücke war bei ihrer Erbauung (1900–1903) die grösste Einbogenbrücke aus Stein.

Luxembourg, city of bridges. At the time it was built (1900–1903) the Grand-Duc Adolphe Bridge was the largest single-span stone bridge.

La vallée de la Pétrusse traverse la ville par le milieu.

Das Petrusstal zieht sich mitten durch die Stadt.

The Pétrusse valley divides the city in two.

Une tourelle espagnole, vestige pittoresque et gracieux de l'art avec lequel les Espagnols fortifiaient leurs villes.

Die spanischen Türmchen sind ein besonderes Merkmal einstiger spanischer Befestigungstechnik.

A Spanish Turret, reminding us of the Spanish domination.

Viaduc construit en 1861

Viadukt aus dem Jahr 1861

The Viaduct, built in 1861

Monument National de la Solidarité luxembourgeoise pendant la seconde guerre mondiale

Ehrenmal zur Erinnerung an den nationalen Widerstand im zweiten Weltkrieg

Monument commemorating the national resistance movement in the Second World War

La vallée de la Pétrusse avec le bastion du Saint-Esprit, construit par Vauban

Das Petrusstal mit der von Vauban ausgebauten Heilig-Geist-Bastion

The Pétrusse valley with the Saint-Esprit bastion built by Vauban

Jour de marché au coeur de la ville (place Guillaume)
Blumen- und Gemüsemarkt auf dem Wilhelmsplatz
Market day in the town centre (Place Guillaume)

Maisons nobles et patriciennes sur les remparts de jadis
Adels- und Patrizierhäuser auf den alten Wällen
Houses of noblemen and patricians on the former ramparts

La statue de Notre-Dame, Consolatrice des Affligés, dans la cathédrale de Luxembourg

Das Gnadenbild U.L. Frau, der Trösterin der Betrübten, in der Kathedrale von Luxemburg

The statue of Our Lady of Luxembourg, patroness of the city

Villa Vauban, galerie d'art de la ville de Luxembourg

Villa Vauban im Stadtpark, städtische Gemäldegalerie

Villa Vauban, the art gallery of the City of Luxembourg

Le palais grand-ducal (depuis 1895), ancien hôtel de ville, édifice inspiré par la renaissance espagnole du seizième siècle

Das alte Rathaus der Stadt, 1572 im spanisch-niederländischen Renaissancestil erbaut. Seit 1895 Stadtresidenz der grossherzoglichen Familie

The Grand-Ducal Palace (since 1895), former Hôtel de Ville, built in the Spanish Netherlands renaissance style in 1572

Vue sur la vieille ville

Blick auf die Altstadt

A view of the old part of the town

Le siège de Radio-Télé-Luxembourg. La tour massive repose sur le réduit du fort Louvigny.

Das Funkhaus von Radio-Tele-Luxemburg. Die Turmmasse steht auf Festungsmauern.

The headquarters of Radio-Télé-Luxembourg. The tower stands on the redoubt of Fort Louvigny.

Le Centre Européen au plateau du Kirchberg

Das Europa-Haus auf Kirchberg

The European Centre on the Kirchberg Plateau.

Le siège social des Aciéries Réunis de Burbach, Eich et Dudelange (ARBED)

Verwaltungssitz des luxemburgischen Stahlkonzerns ARBED

The headquarters of the Aciéries Réunis de Burbach, Eich et Dudelange (ARBED)

La patinoire à Kockelscheuer
Kunsteisbahn in Kockelscheuer
Sportcentre in Kockelscheuer

La Place d'Armes
Der Paradeplatz
The ''Place d'Armes''

Salle des pas perdus
Wandelhalle des Justizpalastes
The hall of the Court of Justice

Palais de Justice des Communautés Européennes
Gerichtshof der Europäischen Gemeinschaften
The Court of Justice of the European Communities

Le défilé des moutons inaugure la grande foire.
"Hämmelsmarsch" auf Kirmessonntag (Schobermesse)
The annual fair begins with a sheep procession.

Marché populaire du lundi de Pâques
Emmausmarkt am Ostermontag
The Easter Monday market

Le parc municipal (plus de 15 ha) s'étend sur une partie du terrain militaire de la forteresse démantelée après 1867.

Im Stadtpark. Ausgedehnte Grünanlagen (über 15 ha) erstrecken sich über einen Teil des früheren Festungsareals.

The municipal park covers over 37 acres and is situated on a part of the military grounds of the fortress dismantled after 1867.

Grande fontaine de la vallée de la Pétrusse

Fontänen im Petrusstal

Fountain in the Pétrusse valley

Par la porte des Bons-Malades, Vauban verrouilla jadis l'accès à la ville-basse. Aujourd'hui, le pont Grande-Duchesse-Charlotte élargit la ville vers le Kirchberg.

Mit der Siechenpforte hatte Vauban einst den Zugang zur Unterstadt verschlossen. Doch Luxemburg ist längst zur offenen Stadt geworden; die neue Grossherzogin Charlotte-Brücke erschliesst nun auch das ostwärts gelegene Kirchberg-Plateau.

The Bons-Malades Gate was used by Vauban to cut off access to the lower town. Nowadays the Grand-Duchesse-Charlotte bridge extends the town eastward to the Kirchberg plateau.

Vestiges des fortifications du dix-septième siècle (Verlorenkost)

Überreste aus spanischer Zeit (Hornwerk Verlorenkost)

Remains of 17th century fortifications (Verlorenkost)

La ''dent creuse'' à l'emplacement du château des comtes

Der sogenannte Hohle Zahn, zurechtgestutzter Überrest des alten Grafenschlosses

The ''Hollow Tooth'', a relic of the ancient Castle of the Counts

La ville-basse du Grund en automne

Unterstadt Grund im Herbstlicht

The lower town of Grund in autumn

L'eau et le rocher; les deux niveaux de la ville

Wasser und Fels; Luxemburg ist auf zwei Ebenen errichtet.

Water and rock; Luxembourg is built on two levels.

La ville-basse de Pfaffenthal avec le plus récent des ponts de Luxembourg

Unterstadt Pfaffenthal mit der neuen Stahlbrücke

The lower town of Pfaffenthal with Luxembourg's latest bridge

Golf-club Findel
Golf-Clubhaus Findel
Findel golf club

Equitation dans la forêt de Grunewald
Reitsport im Grünewald
Riding in the Grunewald forest

Mondorf-les-Bains: La source et les floralies
Bad Mondorf: Trinkhalle und Tulpenschau
Mondorf-les-Bains; the pump-room and flower gardens

Hauts-fourneaux et aciéries du bassin minier.
Eisenhütten und Stahlwerke im Erzbecken.
Blast furnaces and steelworks in the mining district.

La Moselle domptée aux pieds du vignoble
Die kanalisierte Mosel zwischen Weinbergen
The canalised Moselle running below the vineyards

Village mosellan
Typisches Winzerdorf
A typical Moselle village

La Cour de Remich
Hof Remich
Surroundings of Remich

Le vignoble à Wormeldange

Wormeldingen im Rebenkranz

The vineyard at Wormeldange

Tonneaux et bouteilles. Beaucoup, de vignerons préparent encore eux-mêmes leurs vins.

Fässer und Flaschen. Die Weinbereitung geschieht auch heute noch vielfach im Familienbetrieb.

Barrels and bottles. Even today the manufacture of wine is still largely a family affair.

Depuis que la Moselle est canalisée (1964), les chalands repassent nombreux.

Der Güterverkehr auf der kanalisierten Mosel belebt die Landschaft.

Many barges use the Moselle since it was canalised in 1964.

L'écluse de Stadtbredimus-Palzem
Blick auf die Staustufe Palzem-Stadtbredimus
The lock at Palzem-Stadtbredimus

Chaleur d'un soir d'été à Kleinmacher
Das Weindorf Kleinmacher in der Abendsonne
Sunset at Kleinmacher

Touffes de genêt le long de la Sûre

Goldginster im Tal der Sauer

Gorse bushes along the river Sûre

Le manoir de Bourglinster. Le pays de Luxembourg comportait jadis de nombreuses seigneuries rurales.

Schloss Burglinster. Im alten Herzogtum Luxemburg waren die ländlichen Herrschaften recht zahlreich.

The Manor of Bourglinster. The Grand Duchy used to have a great many country seats.

La vallée riante de la Basse-Sûre
Die Untersauer bildet ein offenes, freundliches Tal.
The lower Sûre in its wide and pleasant valley

Echternach, souvenir d'une abbaye prestigieuse, décor extra-ordinaire pour les campeurs

Echternach im Glanz seiner historischen Abtei, merkwürdige Kulisse neuzeitlicher Feriengäste

Echternach, with its ancient abbey, is now a popular tourist resort.

Mardi de Pentecôte à Echternach: la célèbre procession dansante se prépare.

Pfingstdienstag in Echternach: die Springer reihen sich zur berühmten Prozession zu Ehren des hl. Willibrord ein.

Whit-Tuesday at Echternach; getting ready for the famous dancing procession.

La basilique d'Echternach, fortement endommagée lors de la dernière guerre, fut reconstruite conformément au style roman originel.

Durch Kriegseinwirkung schwer beschädigt, wurde die Basilika im ursprünglichen romanischen Stil wiederhergestellt.

The Basilica of Echternach, severely damaged in the last war, was rebuilt in the original Roman style.

La cascade du "Schiessentümpel" non loin d'Echternach

Der "Schiessentümpel" im Müllerthal, unweit Echternach

In the same area, not far from Echternach, is the "Schiessentümpel" waterfall

Promenade au Mullerthal. Le grès de Luxembourg forme de pittoresques rochers.

Ausflug ins Müllerthal. Der Luxemburger Sandstein bildet eigenartige Felstäler.

An excursion in the Mullerthal. The Luxembourg sandstone makes picturesque rocks.

Les ruines du château de Beaufort. Il reste une bonne vingtaine de vestiges de ce genre dans le pays.

Die mächtigen Ruinen der Burg Befort. Etwa zwei Dutzend mittelalterlicher Burgruinen sind im Lande erhalten.

The ruins of Beaufort castle. Luxembourg has about 20 such ruined castles.

Le Bon Pays en été

Sommer im Gutland

The Gutland region in summer

Le bourg de Larochette et les vestiges du château-fort
Flecken und Burg Fels
The village of Larochette and remains of the castle

Septfontaines dans la vallée de l'Eisch. L'église, en partie romane, abrite une remarquable mise au tombeau.

Simmern im Eischtal. In der z.T. romanischen Kirche befindet sich eine alte Grablegung.

Septfontaines in the valley of the Eisch. The church, which is partly Roman, contains a remarkable tomb.

Le monument du général Patton à Ettelbruck. L'armée du général Patton contribua largement à la libération du Luxembourg en septembre 1944 et à la défaite allemande dans la bataille des Ardennes.

Patton-Denkmal in Ettelbrück. Die 3. amerikanische Armee unter Patton war massgebend an der Befreiung Luxemburgs im September 1944 und an der deutschen Niederlage in der Ardennenschlacht beteiligt.

The General Patton memorial at Ettelbruck. General Patton's army played a large part in the liberation of Luxembourg in September 1944 and the German defeat in the battle of the Ardennes.

Village et ruines du château-fort de Brandebourg
Dorf und Burg Brandenburg
Village and castle ruins of Brandenbourg

Le long de la Sûre moyenne
An der Mittelsauer
Along the river Sûre

Lac artificiel de la Haute-Sûre; aménagé vers 1960, il constitue la principale réserve d'eau du pays.

Am Obersauer-Stausee. Das um 1960 errichtete Becken bildet das hauptsächlichste Wasserreservoir des Landes.

Artificial lake on the upper Sûre. Built about 1960, it is the country's chief water supply.

Sur la berge de Lultzhausen, une superbe auberge de la jeunesse
Die Jugendherberge auf der Landzunge von Lultzhausen
A fine youth hostel situated on the Lultzhausen peninsula

Sports nautiques
Wassersport am Stausee
Yachting on the lake

Le printemps est tardif dans les Ardennes.
Später Frühling im Ösling
Spring comes late to the Ardennes.

Débarcadère
Anlegeplatz am See
Landing stage

Les vestiges d'Esch-sur-Sûre remontent au dixième siècle.

Die Burg von Esch-Sauer reicht ins zehnte Jahrhundert zurück.

The castle of Esch-sur-Sûre dates back to the 10th century.

Bivels, la nouvelle église. Le village a été relogé par suite de la construction du barrage de l'Our.

Neue Kirche von Bivels. Ein Teil des Dorfes musste wegen des Viandener Stauwerks in höherer Lage neuerrichtet werden.

The new church at Bivels. The village was re-sited after the construction of the Our barrage.

Entreprise agricole mécanisée

Im ganzen Land ist die Landwirtschaft weitgehend mechanisiert.

Mechanised farm

Paysages ardennais. Les ruisseaux des Ardennes ne sont guère touchés par la pollution.

Öslinger Landschaft. Noch ist die Wasserverschmutzung unerheblich.

Ardennes landscape. The rivers are scarcely affected by pollution.

Vaste demeure féodale, le château des comtes de Vianden était encore intact en 1820.

Das herrliche Viandener Schloss war bis 1820 unversehrt geblieben.

Vianden castle, home of the Counts of Vianden, was still intact in 1820.

Fenêtres trilobées de style byzantin. Les comtes de Vianden étaient apparentés aux empereurs latins de Constantinople.

Byzantinischer Einfluss in Vianden. Das Viandener Grafenhaus war mit den lateinischen Kaisern von Konstantinopel verwandt.

Byzantine influence at Vianden. The Counts were related to the Latin Emperors of Constantinople.

Les ruines du château avant les restaurations récentes
Schloss Vianden vor der zur Zeit durchgeführten Restauration
The castle ruins before the recent restoration

Ruelle de Vianden
In den Gassen des Burgfleckens
An alleyway at Vianden

Monuments patriotiques à Wiltz. La grève de 1942, symbole de la résistance nationale à l'annexion nazie, a fait plusieurs martyrs à Wiltz.

Denkmäler der Freiheit in Wiltz. Die nationale Streikbewegung im Jahre 1942 forderte in Wiltz mehrere Opfer.

Memorials to freedom fighters, Wiltz. The strike of 1942, symbol of national resistance to Nazi annexation, claimed many victims at Wiltz.

100 Jör frei

1839 – 1939

Nir wölle bleive wat mir sin !

L'abbaye bénédictine de Clervaux, fondée en 1910

Im Jahre 1910 liessen sich die Benediktiner in Clerf nieder

The Benedictine Abbey at Clervaux, founded in 1910

Le château de Clervaux, restauré depuis peu, abrite une belle collection de maquettes de châteaux-forts et un petit musée consacré à l'offensive des Ardennes.

Die seit kurzem wiederhergestellte Burg Clerf beherbergt zwei Museen: eine Modellsammlung mittelalterlicher Burgen und eine Übersicht über die Ereignisse der Ardennenoffensive.

The castle of Clervaux, recently restored, houses a fine collection of model castles and a small museum with exhibits of the Ardennes offensive.

Kurzer Blick auf Luxemburg

Das Grossherzogtum Luxemburg ist ein kleiner, mehr als tausend Jahre alter Staat.

Es liegt zwischen Frankreich, Belgien und der Bundesrepublik Deutschland im industriellen Herzen Europas, zählt rund 365.000 Einwohner und hat eine Flächenausdehnung von rund 2.600 qkm.

Luxemburg ist eine nationale Einheit, die ihre Eigenständigkeit durch die Wechselfälle der Jahrhunderte hindurch bewahrt hat und heute als unabhängiges und souveränes Staatsgebilde dasteht. Seine Regierungsform ist die konstitutionnelle Monarchie. Es ist ein wohlhabendes, hochindustrialisiertes Land, das sowohl auf europäischer als auch auf Weltebene enge wirtschaftliche und politische Beziehungen zu den andern Nationen unterhält.

Historischer Überblick

Die Geschichte des Grossherzogtums reicht zurück bis zum Jahre 963, als der Ardennergraf Sigfrid, der Stammvater des Hauses Luxemburg, auf dem Gebiet der heutigen Hauptstadt ein Feudalschloss errichten liess. Dieses Schloss wurde der Anlass zur Gründung einer Stadt und später zum Bau einer berühmten Festung.

Das Haus Luxemburg war zu Hohem berufen. Aus ihm gingen gegen Ende des Mittelalters vier deutsche Kaiser sowie vier böhmische und ein ungarischer König hervor. Namen wie Heinrich VII., Johann der Blinde, der Nationalheld, Wenzel, Karl IV. und

Sigismund erinnern an diese grosse Epoche, die gegen Ende des 15. Jahrhunderts ihren Ausklang fand. Im Anschluss an sie begann für Luxemburg eine lange Zeit der Fremdherrschaft, die bis ins 19. Jahrhundert hinein andauerte.

Die Festung Luxemburg, das 'Gibraltar des Nordens' wurde in der Tat zum Gegenstand blutiger Fehden zwischen Burgundern, Spaniern, Franzosen, Österreichern und Preussen, die sich unablässig um ihren Besitz stritten. So wurde die Stadt, im Verlauf von vier Jahrhunderten, über 20 mal belagert und verwüstet.

Unabhängigkeit

1815 endlich begann für Luxemburg eine Periode nationaler Unabhängigkeit. Der Wiener Kongress nämlich, der über die Geschicke des Landes zu bestimmen hatte, sprach das zum Grossherzogtum erhobene ehemalige Herzogtum dem König der Niederlande als dessen persönlichen Besitz zu.

Die Personalunion zwischen Luxemburg und den Niederlanden dauerte bis 1890. Während dieser Zeit festigte sich nach aussen hin die politische Selbstständigkeit des Landes und im Innern entwickelten sich die demokratischen Regierungsformen.

Zu den wichtigsten Daten der Luxemburger Nationalgeschichte gehört der Londoner Vertrag vom 11. Mai 1867. Er bestätigte die Integrität des Staatsgebietes und die durch den Londoner Vertrag von 1839 bereits garantierte politische Selbständigkeit des Grossherzogtums. Ausserdem erklärte er die immerwährende Neutralität des Landes und stellte diese unter den Kollektivschutz der Grossmächte.

Nach dem Tode König Wilhelms III. der keinen männlichen Nachkommen hinterliess, ging im Jahre 1890 die Krone des Grossherzogtums auf den älteren Zweig des Hauses Nassau über. Seither hat Luxemburg eine eigene Dynastie. Der heutige Grossherzog Jean trat 1964 die Nachfolge seiner Mutter an, der Grossherzogin Charlotte, die nach 45jähriger Regierungszeit zu seinen Gunsten abdankte.

Unter ihrer vom Wohlstand geprägten Herrschaft entwickelte sich Luxemburg weiterhin sowohl politisch als auch wirtschaftlich bis zum zweiten Weltkrieg, da es, genau wie 1914, trotz seines Statuts der immerwährenden Neutralität, von den deutschen Truppen besetzt wurde und lange Jahre der Unterdrückung durchlitt, bevor es von den alliierten Truppen befreit wurde.

1948 gab es denn auch diese Neutralität auf und bekannte sich, indem es den verschiedenen wirtschaftlichen, politischen und militärischen Organisationen beitrat, entschlossen zu einer aktiven Politik der Zusammenarbeit auf europäischer und internationaler Ebene.

Die Nachkriegszeit stand für Luxemburg im Zeichen des politischen und sozialen Friedens und eines inneren Wohlstandes, der über die Grenzen des Landes hinausstrahlte.

Die Wirtschaft in Luxemburg

Wie eigenartig doch dieses Geschick, das Luxemburg zur Grossindustrie führte! Das Land hat weder Kohlenzechen noch Koksöfen. Auch seine Eisenerzlager sind nicht sehr ergiebig.

Schwerindustrie

Und dennoch bildet eine mächtige und moderne Eisen- und Stahlindustrie die Grundlage der Luxemburger Wirtschaft. Sie ist von ausschlaggebendem Einfluss nicht nur auf Beschäftigungsvolumen und Kapitalanlage, sondern auch auf die Impulse, die sie der wirtschaftlichen Entwicklung des Grossherzogtums vermittelt. Die kaum abgeschwächte Vorherrschaft der Schwerindustrie stellt die schwache Stelle der luxemburgischen Wirtschaft dar, wie die noch immer anhaltende ernste Krise zeigt, die das Land auch weiterhin vor grosse Probleme stellt.

So fiel die Rohstahlproduktion von 6,4 Millionen Tonnen im Jahre 1974 auf 4,6 Millionen Tonnen im Jahre 1975 (–28 %) und sogar auf 4,3 im Jahre 1977. Sie erreicht kaum 5 Millionen Tonnen im Jahre 1979, 4,6 Millionen 1980, 3,8 Millionen 1981, und 3,3 Millionen im Jahre 1983. Diese Entwicklung war von beträchtlichen finanziellen Verlusten begleitet und zwang die Schwerindustrie, einen Restrukturierungsprozess vorzunehmen, der u.a. eine programmierte Personalreduzierung – ohne Entlassungen – von 25000 Personen im Jahre 1974 auf 16500 im Jahre 1983 begreift.

Aussenhandel

Die Exporte und Importe im Sinne der nationalen Rechnungsführung stellen mehr als 80 % des Bruttoinlandproduktes dar, gegenüber 50 % in Belgien und weniger als 20 % in Frankreich. Keine andere Zahl verdeutlicht besser die extreme Abhängigkeit des Landes vom Aussenhandel.

Der Stahl – 67 % der Exporte im Jahre 1974 – stellt

heute noch immer 43,9 % des Aussenhandels dar; der Anteil der chemischen Erzeugnisse, der Plastikstoffe und des Kautschuks geht über 14 % hinaus, während sich jener der Textilien auf 6 % beläuft. Die Importe sind vielfältiger; die von der Schwerindustrie importierten Mineralprodukte (Koks und Eisenerz) stellen jedoch ein Fünftel der Gesamtimporte dar. 90 % dieser Importe kommen aus den ehemaligen sechs EWG-Ländern, wobei 71 % auf Belgien und die Bundesrepublik Deutschland gemeinsam entfallen. 78 % der luxemburgischen Exporte gehen heute in die EWG-Länder, davon insgesamt 46 % nach Belgien und der Bundesrepublik. Die Bundesrepublik ist Luxemburgs wichtigster Kunde (29,8 % im Jahre 1983) und gleichzeitig sein Lieferant (33 % im Jahre 1983). In seinen Beziehungen zu Belgien ist Luxemburgs Import regelmässig grösser als sein Export; wegen der bestehenden belgisch-luxemburgischen Wirtschaftsunion laufen viele Importe über in Brüssel etablierte Alleinvertreter.

Einwanderung

Die seit Ende des vorigen Jahrhunderts rasch voranschreitende Industrialisierung seiner Wirtschaft zwang Luxemburg, sich weitgehend auf die Anwerbung fremder Arbeitskräfte zu verlegen. Die Zahl der im Lande ansässigen Ausländer übersteigt denn auch heute schon 26 % der Bevölkerung, ein innerhalb der EWG einzig dastehendes Verhältnis. Allein in der Eisen- und Stahlindustrie sind mehr als 38 % der Belegschaft Fremdarbeiter, während in der gesamten luxemburgischen Industrie die Fremdarbeiter 52 % ausmachen. Im Handwerk erreicht der Prozentsatz 65 % und im Bauwesen 75 %. Es sei hinzugefügt, dass von 158 500 im aktiven Arbeitsverhältnis stehenden

Personen 36,6 % in der Industrie, 59,7 % in Handel, Gewerbe und öffentlichem Dienst, 47 % in der Landwirtschaft tätig sind.

Lebensstandard

Diese Zahlen veranschaulichen die Verteilung der produktiven Bevölkerungsschichten auf die Hauptbeschäftigungszweige im Grossherzogtum.

Wenn Luxemburg, trotz der mittelmässigen Wachstumsrate seiner Wirtschaft, einen besonders hohen Lebensstandard erreichen konnte, so ist dies vor allem auf zwei Ursachen zurückzuführen: Die Indices der Aussenhandelspreise entwickelten sich günstig von 1913 bis 1960. Der Anteil der erwerbstätigen Schichten der Gesamtbevölkerung war infolge der niedrigen Geburtenziffer und der bedeutenden Einwanderungsquote verhältnismässig hoch. Zu diesen Faktoren sei noch die Diversifizierung der Wirtschaft seit 1960 hinzugefügt.

Für 1981 wird das BNP pro Einwohner auf 540 000 LFr. geschätzt. Hierzu sei jedoch bemerkt, dass die Zahlen des BIP und des BNP, die alle von den Banken erzielten Gewinne begreifen, den Lebensstandard zu überschätzen drohen, da diese Gewinne nicht nur nicht verteilt werden, sondern grösstenteils von Banken erzielt werden, die Filialen von ausländischen Gesellschaften sind.

Den Statistiken der Weltbank gemäss würde Luxemburg, nach Kuwait und der Schweiz, zu den reichsten Ländern zählen. Obwohl der pro Kopf-Einkommen in Dollar ein ziemlich grosser Hinweis ist, bestätigen andere Angaben die gute Stellung

Luxemburgs. So lag es 1981 in der EWG an zweiter Stelle für Personenkraftwagen (367 auf 1000 Einwohner gegen 388 in der Bundesrepublik Deutschland und 350 in Frankreich), an zweiter Stelle für Fernsprechapparate (587 auf 1000 Einwohner, gegenüber 673 für Dänemark) und an erster Stelle für Krankenhausbetten (1250 pro 100000 Einwohner vor den Niederlanden: 1212).

Der Kopf-Verbrauch für nicht industrielle Zwecke an elektrischer Energie (2838 kWh) ist in Luxemburg der grösste. Auch die Wohnstatistiken zeugen von einem hohen Lebensstandard. So hat heute jede Wohnung elektrischen Strom, fast alle Wohnungen fliessendes Wasser und etwa zwei Drittel ein Badezimmer. Ungefähr 60 % der Haushalte sind Eigentümer ihrer Wohnung.

Der Luxemburger verbraucht im Jahresdurchschnitt rund 11,4 kg Butter, 78 l Milch, 45 kg Brot, über 30 kg Rindfleisch, 7 kg Kalbfleisch, 50 kg Schweinefleisch, über 120 l Bier und über 50 l Wein.

Heben wir jedoch hervor, dass der Lebensstandard nicht ausschliesslich auf statistischen Angaben beruht: die mässige Bevölkerungsdichte, das Fehlen grosser Städte, die Nähe der Wälder, die Vielfalt der Landschaft und die zahlreichen Möglichkeiten der sportlichen Entspannung tragen dazu bei, die Lebensqualität in Luxemburg zu erhöhen, auch wenn das Problem der Umweltverschmutzung dort nicht unbekannt ist.

Internationale Zusammenarbeit

Wirtschaftliche Struktur und Lage mussten das Grossherzogtum logischerweise zur Zusammenarbeit mit anderen Staaten führen. Daher wurde seit der Wiedergewinnung seiner Unabhängigkeit im Jahre 1839, die Aussenpolitik des Landes vom doppelten Anliegen seiner Sicherheit und seiner Integration in ein grossräumiges Wirtschaftsgefüge bestimmt.

Die Notwendigkeit seiner Eingliederung in eine Grossmarktordnung war bereits gegen Mitte des vorigen Jahrhunderts erkannt worden, als Luxemburg dem Deutschen Zollverein beitrat. Nach dem ersten Weltkrieg löste es jedoch seine ökonomischen Bindungen an Deutschland und ging 1921 mit Belgien eine Wirtschaftsunion ein, die noch heute Bestand hat. 1945 wurde es dann Mitbegründer der dreifachen Wirtschaftsunion Benelux und etliche Jahre später der Europäischen Gemeinschaft für Kohle und Stahl, der Europäischen Wirtschaftsgemeinschaft und der Europäischen Atomgemeinschaft.

Modernisierung

Im Rahmen der europäischen Zusammenarbeit stellen sich für Luxemburg mancherlei Probleme, und es kommt auf wirtschaftlichem und sozialem Gebiet zu wesentlichen Veränderungen. Die Eisen- und Stahlindustrie wird modernisiert, die Landwirtschaft erfährt eine tiefgreifende Umgestaltung. Neue Industrien werden eingepflanzt, auf den Sektoren des Städtebaus und der Energiegewinnung werden ausgedehnte Infrastrukturarbeiten durchgeführt. Staudämme erstehen in Esch/Sauer und in Rosport, Vianden erhält eine mächtige hydro-elektrische Zentrale, das grösste Pumpspeicherwerk Europas.

Auch auf dem Gebiet des Verkehrswesens wurde

Bedeutendes geleistet. Genannt seien vor allem die Vergrösserung und Modernisierung des Flughafens, die Elektrifizierung des Eisenbahnnetzes, der Bau von Autobahnen und die Kanalisierung der Mosel, die Luxemburg mit den grossen Wasserwegen Europas verbindet.

Parallel zu ihrem Programm der öffentlichen Investitionen verfolgt die Regierung eine Politik der wirtschaftlichen Umstellung, Streuung und Ausweitung.

Die Politik der industriellen Diversifizierung hat durch das Rahmengesetz vom 2. Juni 1962 eine geordnete Form angenommen, wodurch der Staat jenen Operationen eine finanzielle Beihilfe gewähren kann, die „unmittelbar zur Schaffung, Umstellung und Rationalisierung der Industrie-, Handwerks- und Handelsbetriebe beitragen, vorausgesetzt, dass sie die allgemeine Struktur und das regionale Gleichgewicht der nationalen Wirtschaft verbessern und die Expansion fördern" (siehe Rahmengesetz der wirtschaftlichen Expansion, 1973).

Dieses Ende 1966 ablaufende Gesetz wurde regelmässig erneuert und hat die Niederlassung in unserm Land von rund 60 neuen Unternehmen mit mehr als 11 500 Arbeitsstellen (Goodyear einbegriffen) sehr erleichtert. Diese Unternehmen (Goodyear nicht mitberechnet) stellten in einer ersten Etappe (1963–1966) eine Gesamtinvestition von 6,3 Milliarden Franken dar, zu der noch das Anlagevermögen der „Société électrique de l'Our" kommt (mehr als 6 Milliarden Franken seit 1959). Eine zweite Investitionswelle seitens der neuen Unternehmen erreicht an die 18,9 Milliarden Franken. Leider musste

ein bedeutendes, 1965 geschaffenes Chemieunternehmen 1979 seine Produktion einstellen. Eine dritte Etappe wurde 1975 durch die Krise in der Stahlindustrie erforderlich; ungefähr 3000 Arbeitsplätze wurden geschaffen. Neue Industrien seit 1975: 56, geschaffene Arbeitsplätze: 3300, Investitionen: 20 Milliarden Franken.

Erwähnen wir auch die Restrukturierungs- und Modernisierungsbemühungen der ARBED-Gesellschaft, die von 1975-1984 Investitionen in Höhe von über 30 Milliarden Franken tätigte und eine Reduzierung des Personals von 24000 auf 16000 vornahm.

Der Produktionswert der neuen Unternehmen stellt 25 % dar, ihr Mehrwert ungefähr 24 % im Verhältnis zu den gleichen Indikatoren aller Industriebetriebe, die 20 und mehr Personen beschäftigen.

Soziale Lage

In sozialer Hinsicht ist Luxemburg besonders begünstigt: fast keine Streiks seit dem Krieg, fast keine Arbeitslosigkeit bis zur Krise im Jahr 1975. Trotz der krisenbedingten Schwierigkeiten, bleibt die Arbeitslosigkeit sehr begrenzt, und das dank der bewerkstelligten originellen Lösungen, die man das 'Luxemburger Modell' nennt.

Luxemburg – Finanzzentrum

Eine immer wichtigere Rolle spielt Luxemburg als Mittelpunkt der internationalen Finanzwirtschaft. Zahlreiche Banken und bedeutende 'Investment-Trusts' liessen sich im Lande nieder wegen der schon seit 1929 bestehenden und die Holding-Gesellschaften begünstigenden Spezialsteuergesetzgebung.

Der internationale Finanzplatz Luxemburg zählt 1933 an die 5960 Holdinggesellschaften, die dort ihren Sitz haben und über 115 Banken, was die stärkste Bankkonzentration innerhalb der Europäischen Gemeinschaft darstellt.

Vor etlichen Jahren hat sich Luxemburg in seiner Rolle als internationales Emissionszentrum behauptet. Die Anleihen in europäischen Rechnungseinheiten und in Devisen, an denen sich der Handelsplatz Luxemburg 1983 beteiligte, beliefen sich annähernd auf 10,1 Milliarden Dollar.

Die Anpassung der für die Holding-Gesellschaften geltenden luxemburgischen Gesetzgebung an die offenen und geschlossenen Investment-Gesellschaften hat in den letzten Jahren eine beträchtliche Anzahl von Investment-Fonds (99) nach dem Grossherzogtum gebracht, deren Guthaben sich Ende 1983 auf 303 Milliarden Franken beliefen.

Folgende weitere Umstände trugen zur Entwicklung Luxemburgs als Finanzplatz bei: das liberale Regime an der Börse (mässiger Tarif für Kosten, Gebühren, Kommissionen sowie einfache Formalitäten), das Fehlen einer Quellensteuer bei ausländischen Anleihen und schliesslich die 1970 errichtete Zentralstelle für Euro-Obligationen (CEDEL), die den Ankauf und Verkauf dieser Obligationen durch einfache Umbuchung ohne materielle Titelübertragung rationalisieren soll.

Die Luxemburger Börse wurde durch das Gesetz vom 30. Dezember 1927 geschaffen. Nach drei, in mancher Hinsicht bewegten Jahrzehnten kannte die Luxemburger Börse ihren wirklichen Aufschwung zu Beginn der 60er Jahre mit der Notierung der ersten internationalen Anleihen. Durch diese Euro-Emissionen nimmt der Finanz- und Börsenplatz Luxemburg im Konzert der internationalen Börsen eine einzigartige Stellung ein.

Erwähnt sei auch die Notierung der für den Handel und die Industrie Luxemburgs repräsentativsten Werte sowie jene von 172 Aktien ausländischer Gesellschaften.

Die notierten Investitionsfonds beliefen sich Ende 1983 auf 109. Auf dem Sekundärmarkt der Euro-Emissionen geschieht die Aktivität hauptsächlich über den Weg des ausserbörslichen Marktes.

Luxemburg, eine europäische Hauptstadt

Zu europäischer Geltung kam die Stadt schon 1952, als sie zum provisorischen Sitz der ersten überstaatlichen Gemeinschaft in Europa, jener für Kohle und Stahl, erwählt wurde. Heute, nach dem Zusammenschluss der drei Exekutiven, verbleibt sie als Sitz ursprünglicher sowie neuerrichteter Dienststellen der Gemeinschaften weiterhin eine der Hauptstädte Europas. Sie wird in der Tat einen Teil der schon bestehenden rechtlichen – der Gerichtshof der Gemeinschaften ist schon in Luxemburg – oder quasirechtlichen sowie auch der finanziellen Einrichtungen beherbergen. So ist denn auch bereits der Sitz der Europäischen Investitionsbank 1968 nach der Hauptstadt des Grossherzogtums verlegt worden, wo sich auch das Sekretariat des Europa-Parlaments befindet. 1973 wurde ebenfalls der Europäische

Währungsfonds in Luxemburg installiert und kürzlich der europäische Rechnungshof.

Welche Stellung nimmt ein Land wie Luxemburg innerhalb der Gemeinschaft der europäischen Völker ein und welche Rolle hat es hier zu spielen?

Durch seine geographische Lage, die enge Umgrenzung seines Gebietes und die sich hieraus ergebenden Imperative wird Luxemburg als ein von der Geschichte auf dem Schnittpunkt zweier grosser Kulturen unternommenes völkisches Experiment, zum Durchgangsland und Schneidepunkt, wo sich die Vielfalt der Einflüsse überkreuzen. In der Tat leben hier zwei ethnische und politische Gruppen Seite an Seite und gehen ineinander auf: Im Westen die romanische Gruppe als Träger der Zivilisation und zum Teil auch Rasse, im Osten die germanische Gruppe, der Luxemburg sprachlich angehört.

Dieses kleine Volk verdankt seine Geburt weder den Launen einer diplomatischen Spielerei noch einem geschichtlichen Zufall, sondern es ist eine über tausend Jahre alte politische Einrichtung, stets bereit, sich dem Rhythmus der Zivilisation anzupassen und seinen grossen Nachbarn auf dem Fuss zu folgen.

Die Muttersprache der Luxemburger, eine einheimische Mundart, ist ein alter moselfränkischer Dialekt, der weitgehend mit französischen und deutschen Sprachteilen durchsetzt ist.

Wenn das französisch-deutsche Zweisprachensystem auch seinen Niederschlag in der Presse sowie im politischen, kulturellen und religiösen Leben findet, so ist französisch dennoch die gebrauchsübliche Sprache in Verwaltung, Justiz, Parlament, Gesellschaft, sowie teilweise auch im Schulwesen und in den literarischen Bestrebungen: die luxemburgische Mundart hingegen ist sprachliches Ausdrucksmittel der Bevölkerung in ihrer Gesamtheit.

Die Rolle, die einem Land wie Luxemburg in Europa zufällt, besteht vor allem darin, in die Vielfalt der gegensätzlichen Standpunkte innerhalb einer Gemeinschaft von Nationen eine Dimension, eine Grössenordnung, eine besondere Sicht zu bringen. Diese Dimension und diese Sicht stehen notgedrungen in enger Beziehung zum Menschlichen und zur Vernunft, denn sie sind getragen vom akuten Gefühl der gegenseitigen Abhängigkeit unter Nationen und Gruppen. In den Angelegenheiten, welche die Luxemburger angehen und über die man sie befragt, wird Luxemburg immer dem Verständnis für die verschiedenen Standpunkte, der Versöhnung, der Verteidigung des Rechts und der Verträge seine Stimme leihen; auf europäischer Ebene wird es der Solidarität und der Zusammenarbeit im Sinne der Gemeinschaft das Wort reden.

Da die Existenz selbst des Grossherzogtums so offenkundig von der Wahrung des Rechts und der Gerechtigkeit seitens der grossen Länder abhängt, muss man ihm unbedingt Glauben schenken, wenn es sich zu deren Befürworter macht.

Deshalb fällt es Luxemburg ganz einfach zu, sich mehr als andere als regelnder Faktor der internationalen Beziehungen und als oberstes Kriterium der Aktion der Staaten in allen internationalen Gremien zum eifrigen Verteidiger des Rechts zu machen.

Da alle Länder behaupten, die gleichen Prinzipien zu

verteidigen, könnte man sich fragen, wo hier der Platz für die ursprüngliche Rolle des Grossherzogtums sei.

Da Luxemburg weder ein grosses Prestige noch weltweite Interessen zu verteidigen hat, unterliegt es nicht dem Verdacht, diese Ideale vorzugeben, um sich Vorteile oder Einflusszonen zu verschaffen. In andern Worten, man kann ihm keine Hintergedanken anlasten.

Unter diesen Bedingungen versucht Luxemburg, seiner Rolle als „ehrlicher Makler", insbesondere innerhalb der Europäischen Gemeinschaft sowie auf dem internationalen Schachbrett nachzukommen.

Das Grossherzogtum hat bereits in der Vergangenheit solche Initiativen unter seinen europäischen Partnern, wo es kein direktes Interesse zu verteidigen hatte, ergreifen können. Man stellt im Gegenteil eine Übereinstimmung zwischen seinen wohlverstandenen Interessen und den Zielen der Gemeinschaft fest.

Da Neutralität und Aufrichtigkeit des Grossherzogtums nicht angezweifelt werden können, sind ihm grössere Möglichkeiten geboten, die Rolle des diskreten Mittelsmannes zu spielen, und die von ihm eventuell gemachten Lösungsvorschläge haben um so mehr Chancen, angenommen zu werden.

Besser ist es, ein kleines Land zu vertreten, wenn es darum geht, jene Kompromisslösung finden, die von den Vertretern der grossen Nationen vielleicht angenommen wird, aber die sie auf keinen Fall selbst vorschlagen konnten, um sich nicht dem Vorwurf der Kapitulation oder der „Verschleuderung" der Interessen oder Souveränität ihrer Nation auszusetzen.

Man darf also schlussfolgern, dass die Rolle des Grossherzogtums Luxemburg auf dem Gebiet der internationalen Politik nicht ein für allemal durch die ihm eigenen physischen Charakteristiken begrenzt ist. Dank insbesondere der bemerkenswerten Übereinstimmung, die zwischen seinen grundlegenden Bestrebungen und Einstellungen und dem langfristigen Interesse der internationalen Gemeinschaft in ihrer Gesamtheit besteht, vermag Luxemburg eine, wenn auch bescheidene, so doch konkrete Rolle auf der internationalen Bühne zu spielen.

Facts about Luxembourg

The Grand Duchy of Luxembourg is a small state, but over a thousand years old. It is situated in the industrial heart of Europe between Belgium, France and the Federal Republic of Germany. Its 365,000 inhabitants live on an area of about 2,600 square kilometres.

Luxembourg forms a national unity which has succeeded in preserving its individual character through the vicissitudes of its history. Today it is a sovereign and independent constitutional monarchy. Luxembourg is a prosperous and highly industrialized country with a powerful and thriving iron-ore industry and with close economic and political connections with other nations in Europe and overseas.

A short historical survey

The history of Luxembourg goes back to the year 963 when Siegfried, count of the Ardennes and founder of the Luxembourg dynasty, had a castle built on the territory of the present-day capital of Luxembourg. This castle was at the origin of the establishment of a town, which later on was extended into a formidable fortress.

The Luxembourg dynasty was destined for a glorious future, for at the end of the Middle Ages it gave four emperors to Germany, four kings to Bohemia and one king to Hungary. The names of Henry VII, John the Blind, a Luxembourg national hero, Wenceslas, Charles IV and Sigismund recall this great period of

Luxembourg's history ending in the 15th century. Then a long time of foreign domination, which continued to the XIXth century, descended on the little country.

The fortress of Luxembourg, the Gibraltar of the North, became the scene of ceaseless bloody battles, and the Burgundians, the Spaniards, the French, the Austrians and Prussians fought to conquer it. The fortress was besieged and devastated more than twenty times in four centuries.

Independence

In 1815 a period of national independence began at last for Luxembourg. The Congress of Vienna settled the destiny of the country by raising the former Duchy of Luxembourg to the rank of a Grand Duchy and by making it the personal property of the Dutch King. The personal union between Luxembourg and the Nether-lands lasted till 1890. During this period the political independence and autonomy were strengthened and the democratic institutions were developed. The 11th May 1867 is one of the most important dates in the national history of Luxembourg. The Treaty of London reaffirmed its territorial integrity and the political autonomy which had already been guaranteed by the Treaty of London of 1839. Furthermore Luxembourg was declared permanently neutral and the great powers undertook to guarantee and protect the Grand Duchy's neutrality.

In 1890, after the death of King William III, who left no male descendant, the crown of the Grand Duchy passed to the elder branch of the House of Nassau. Since that date Luxembourg has had its own dynasty. In 1964 the present Grand Duke John succeeded his mother, Grand Duchess Charlotte, who, after having reigned for 45 years, abdicated in favour of her son.

During her prosperous reign, the economic progress of Luxembourg kept pace with its political development. The Second World War brutally interrupted this peaceful development. In spite of its neutrality Luxembourg was occupied, as it had been in 1914, by German troops. The little country went through long years of oppression and suffering till it was liberated by the allied forces.

In 1948 Luxembourg gave up its neutrality and by joining the various economic, political and military organizations the Grand Duchy resolutely supported a policy of fertile cooperation on the European and international plane.

In the post-war period Luxembourg has known political and social peace and economic prosperity and progress.

The economic characteristics of Luxembourg

Luxembourg, oddly enough, has developed its heavy industry, though it has neither coal-mines nor coke-ovens. Its mineral deposits are not very abundant and do not contain any high-grade ores.

Iron metallurgy

Yet Luxembourg has a powerful modern industry which constitutes the basic industry of the Grand Duchy's economy. It has a decisive influence on the small country not only because of the number of people it employs and the large capitals it uses but also because it is a vital stimulus to the economic development of the Grand Duchy.

The slightly reduced predominance of the iron industry explains the economic vulnerability of the country as shown by the severe and prolonged crisis of the iron industry which still causes serious problems to the country.

Thus the production of raw steel dropped from 6.4 million tons in 1974 to 4.6 million tons in 1975 (–28%) and to 4.3 million tons in 1977. In 1979 production reached some 5 million tons, 4.6 million tons in 1980, 3.8 million tons in 1981 and 3.3 million tons in 1983. This development was accompanied by serious financial losses and forced the iron industry to start structural reorganization entailing a.o. reduction of its staff. (without lay-offs) from about 25,000 employees in 1974 to 16,000 in 1983.

Foreign trade

Exports and imports represent 80% of the country's gross national product while they only represent 50% in Belgium and less than 20% in France. Nothing could better illustrate the heavy dependence of the country on foreign trade. Steel – 67% of the 1974 exports – in 1983 represents more than 43,9%. Chemical, plastic and rubber products represent more than 14%, textile products represent 6%. Imports are more diversified: however, mineral products (coke and ore) needed by the iron industry, represent about 8% of our national imports.

90% of these imports arrive from countries of the old Common Market of Six and 71% from Germany and

Belgium (taken together). The EEC receives 78% of Luxembourg's exports, Belgium and Germany taken together 46%. Germany rates as the first customer of Luxembourg (29.8% in 1983) and as its second supplier (33% in 1983) after Belgium (38%).

In its relations with Belgium Luxembourg regularly imports more than it exports. Given the economic union between Belgium and Luxembourg, quite a number of imports are brought into the country by general distributors established in Belgium.

Immigration

Since the end of the last century Luxembourg's economy has rapidly developed into an industrial economy. This forced the country to extensively recruit foreign workers. The number of the foreign residents in Luxembourg now already exceeds 26 per cent of the population: this is the highest proportion of foreigners in any EEC country. The percentage of foreign workers reached 38 per cent in the iron industry, while it amounts to 52 per cent in the whole of Luxembourg's industry. In handicraft the percentage reached 65 per cent and in the building industry 75 per cent. It must be added that out of a total number of 158,500 active persons 35.6 per cent are working in industry, 59.7 per cent are employed in civil services or commerce and 4.7 per cent are farmers. These percentages illustrate how the productive classes are employed in the main branches of activity.

If Luxembourg could achieve a particularly high standard of living, this is chiefly due to two reasons (which also played a part in Switzerland and Sweden). The terms of exchange developed favourably for a long time from 1913 to 1960; compared with the total popularion, the labour force has been relatively important, owing to the low birth rate and the important rate of immigration. To these factors one has to add since 1960 the diversification of the economy.

For 1981 (the Gross National Product) GNP per capita has been estimated at 540,000 Flux at the average yearly exchange rate. However one must mention that the given figures for the GDP and the GNP which include the total profits made by banks tend to overestimate the standard of living for on one hand they are not paid out but are made for most of them by banks which are subsidiaries of foreign banking establishments.

According to statistics released by the World Bank, Luxembourg ranks among the richest countries after Kowait and Switzerland. Despite the fact that the per capita income quoted in dollars is a rough indicator, other indicators confirm the good positions held by Luxembourg. Thus it holds (1981) the second place within the EEC as to the number of motor cars (367 per 1,000 inhabitants, against 398 in Western Germany and 350 in France), the second place for telephones (589 per 1,000 inhabitants, against 673 in Denmark) and the first position for hospital beds (1,250 per 100,000 inhabitants, followed by the Netherlands, 1,212).

The per capita consumption of electric energy for non-industrial purposes i.e. 2798 kWh in 1982 and 2838 kWh in 1983 is the highest in Luxembourg.

The lodging statistics, too, attest a high standard of living; all lodgings are supplied with electricity and running water (inside the lodging); most lodgings are provided with a bathroom or shower. Some 60% of the house-holders owe the lodgings they are living in.

The Luxembourger consumed in 1983 an average of 11,4 kg of butter, 78 l milk, 45 kg of bread, more than 30,2 kg of beef, 7 kg of veal, nearly 50 kg of pork, more than 122 l beer and 55 l wine.

Yet numbers alone do not convincingly prove a high standard of living: the reasonable density of the population, the absence of big cities and the proximity of forests, the magnificent variety of landscapes and numerous opportunities to practice relaxing sporting activities help to upgrade life despite the fact that environmental pollution problems – for instance motor-car pollution – are not unknown.

International collaboration

Its economic structure and its geographical position have necessarily led Luxembourg into a close cooperation with other countries. Since Luxembourg won back its independence in 1839, its foreign policy has been determined on one hand by the desire to defend its own security and on the other by the aspiration to secure its integration into a larger economic system.

Already in the middle of the 19th century, Luxembourg felt the necessity to get integrated into larger markets and it joined the German 'Zollverein' in 1842. At the end of the First World War, however, Luxembourg withdrew from this economic union with Germany and turned towards Belgium, with which it formed a close economic union in 1921. This union still exists today. In 1943, during the Government's exile in London,

together with the Grand Duchess and her family, Luxembourg contributed to the creation of BENELUX, an economic union between Belgium, the Netherlands and Luxembourg. The Grand Duchy is a founding member of three European communities: The European Coal and Steel Community, the EEC (European Economic Community) and the EURATOM (European Atomic Energy Community).

Modernization

European collaboration set many a problem to little Luxembourg. Radical economic and social changes were the result.

The iron and steel industry was modernized. Agriculture had to undergo profound changes. New industries were introduced in the country. Great efforts were made to extend and improve the economic infrastructure of our towns and to increase the production of electric energy. Dams have been built in Esch-Sûre and Rosport and the powerful hydroelectric plant in Vianden with its vast storage reservoir is the largest pumping station in Europe. Great efforts have been made to facilitate international traffic and communications. The airport of Luxembourg was enlarged, the railway system was electrified, the Moselle river was canalized and now links the Grand Duchy directly to the large European waterways, a motorway network was built.

In addition to its programme of public investments, the government follows a policy of economic readjustment, diversification and expansion.

The policy of industrial diversification was given a

systematic form by the frame-law of 2nd June 1962 according to which the State can agree to financial support for operations which 'contribute directly to the creation, conversion and rationalization of industrial and commercial firms and crafts, in as much as they improve the general structure and the regional equilibrium of the national economy and stimulate its expansion'.

This law, the effects of which expired by the end of 1966, has been regularly renewed and has facilitated the establishment of some 60 new firms in the country which represent more than 11,500 jobs (including Goodyear) and, in a first phase (1963–66) investments amounting to 6.3 billion francs, to which must be added the immobilizations of the Société Electrique de l'Our (more than 6 billion francs since 1959).

A second phase of investments by the new firms reached some 18.9 billion francs between 1967–1977. Unfortunately an important chemical firm created in 1965 had to close down in 1979. A third phase, consequence of the steel crisis in 1975, brought the creation of approximatively 3,000 jobs.

Thus since 1975, 56 new firms were created employing 3,300 staff with a total amount of investment reaching 20 billions.

Let's also mention the efforts made by ARBED to restructure and modernize its plants which from 1975 to 1983 have amounded to investments over some 30 billion francs and have reduced staff from 24,000 down to 16,000.

The production value of these new firms represents 26%, their added value 24% compared to the total of industrial firms employing 20 persons and more.

Social situation

From a social standpoint Luxembourg has been particularly lucky. There have been no strikes since the last war and virtually no unemployment until the crisis of 1975. In spite of problems due to the crisis, unemployment has remained very limited. This result is due to some original solutions, the so called 'Luxembourg Model', which have been applied.

Luxembourg – Financial centre

Luxembourg plays an increasingly prominent part as an international financial centre. Numerous banks and important investments trusts have settled in the Grand Duchy as the tax laws, which date back to 1929, favour holding companies.

Luxembourg as an international centre numbers nearly 5,962 domiciliary holding companies and about 115 banks which represent the greatest banking concentration in the European Communities.

More recently still Luxembourg has affirmed its importance as a centre of international issues of loans. The loans in European units of account and in foreign currencies, to which Luxembourg has participated in 1983, amounted to 10.1 milliard dollars.
The adaptation of Luxembourg's fiscal legislation on holding companies to cover open- and closed-type investment companies has recently encouraged the establishment in the Grand Duchy of 99 investment Funds with assets amounting to 303 billion Flux.

Among the factors which have helped Luxembourg to prosper as a financial centre, we could list the following: the liberal methods of Luxembourg's stock exchange (moderate scale of charges, rates and commissions, few formalities); no deductions at source for foreign loans; the setting up in 1970 of the 'CEDEL' (Euro-bonds office) to rationalize purchase and sales transactions in Eurobonds, which are reduced to bookkeeping entries without effective transmission of securities.

The Luxembourg Stock Exchange was created by the law passed on 30th December 1927. After three eventful decades in many respects, the Luxembourg Stock Exchange got only its first high lift in the early sixties with the quotation of the first international loans. Thank to the quotation of most of these international loan issues, the Luxembourg Stock Exchange enjoys a unique position among internationally located stock exchanges.

Luxembourg enjoys a unique position in the international money market. We must also draw attention to the quotation of the most representative commercial and industrial securities in Luxembourg as well as that of the shares of 172 foreign companies.

Investment funds quoted in Luxembourg numbered 109 at the end of 1983. The secondary market of Eurobond issues is dealt outside the scope of stock exchange dealings.

Luxembourg – European capital

In 1952 the City of Luxembourg was chosen as provisional seat of the first supra-national community, the European Coal and Steel Community. Today, after the executives of the three European Communities have merged, Luxembourg remains one of the capitals of Europe.

Luxembourg City is in fact the seat of the existing and future juridictional and financial institutions. (The Court of Justice of the EEC is established in Luxembourg. The European Investment Bank was transferred to Luxembourg in 1968 and the European Monetary Fund was established in Luxembourg in 1973, followed, more recently by the European Court of Accounts).

What is the position of a small country like Luxembourg within the community of the European nations and what part can it play?

By its geographical situation, its small teritory and the economic and political necessities resulting from its exiguity, Luxembourg is a transit country, a crossroad of manifold influences. It is an ethnic experiment performed by history at the intersection of two great cultures. Two ethnic and political groups live together and merge there: in the west the Romance group to which Luxembourg is linked by its civilisation and partly also its race and in the east the Germanic group to which the country belongs linguistically. This little people does not owe its existence to the whims of a diplomatic game or an accident of history. It is a political organism which is older than thousand years, always young and full of vitality, always ready to adapt itself to the rhythm of civilization and to fall into step with its great neighbours. The mother tongue of the Luxembourgers is an old Moselle-Frankish dialect, blended with German and French elements.

If both the German and French languages are used in the press, in political, cultural and religious life, French is nevertheless the official language of the Luxembourg administration, jurisdiction, of its parliament, its education system and of some of its literary circles. The Luxembourg language, however, is the language used by the whole population in everyday life.

The inhabitants of Luxembourg are an active and diligent people whose standard of living is particularly high. Common sense, tolerance and progress open this peaceful country, which ignores serious social and ideological conflicts, to all intellectual streams.

The events lived by the older generations during the two World Wars have contributed to strengthen the solidarity of the people and their affection for the Luxembourg dynasty. They have become even more conscious of forming a national community. The part a country like Luxembourg can play in the community of the European nations consists first in bringing a dimension, an order of magnitude and new particular prospect into the variety of conflicting points of view. This dimension and this new prospect are necessarily conditioned by human values and common sense. They are based on the deep conviction that nations and groups depend on one another. When Luxembourg is consulted about problems concerning the country it will always try to promote a fair understanding and conciliation of the different points of view according to the rights and treaties agreed upon. In European affairs Luxembourg wants further solidarity and cooperation in the spirit of the community.

The very existence of the Grand Duchy of Luxembourg depends so obviously on the respect of Law and

Justice by the big countries, that it must be honest when offering to become the promotor of both those values. More than any other country Luxembourg may therefore strive to become, within the international institutions, the supreme defender of Law as the one factor that regulates international contacts and dictates the actions of the nations. But of course all countries see themselves as defending the same principles and one may wonder where the special part to be played by the Grand Duchy comes in.

It is precisely because Luxembourg has no great prestige or major world interests to defend that it won't be suspected of using those ideals in order to get national advantages or conquer spheres of influence. In that respect Luxembourg must not be suspected of after-thoughts.

Given this situation Luxembourg tries to play the part of an 'honest go-between' in the European Community and, beyond that, on a larger international scale.

The Grand Duchy has already taken such initiatives among its European partners in the past in situations where it had no precise national interests to defend. In fact there was a welcome accordance between its own well-understood interests and the aims of the Community.

As therefore the neutrality and sincerity of the Grand Duchy cannot be doubted, its chances of playing the part of a discreet go-between increase, and the solutions suggested by it are more likely to be accepted.

If a small country like Luxembourg suggests a compromise, the representatives of bigger states can accept this compromise, while on the other hand they could not suggest this compromise themselves without being suspected of giving in or selling the interests or the sovereignty of their own nations too cheap. Thus we may conclude that the part which the Grand Duchy of Luxembourg can play in international politics is not limited by its territorial characteristics. Thanks above all to the accordance between its own aspirations and fundamental positions and the long-term interests of the international community as such, Luxembourg can play a real, though modest, part on the international scene.

S. Iohannes berg

Soluer

Franciscani

Monaster. S. Spiritus

Porta Trevirensis

Munster Abbatia